Eugène Goblet d'Alviella

La Migration des symboles

Essai

ISBN : 978-1721828999

10 9 8 7 6 5 4 3 2 1

Eugène Goblet d'Alviella

La Migration des symboles

Essai

Table de Matières

Introduction

Les hommes, pour se communiquer leurs pensées, s'adressent tantôt à l'oreille, par la parole, le chant, la musique, tantôt à la vue par le geste, le dessin et, en général, par toutes les manifestations des arts plastiques, y compris l'écriture. Ces modes d'expression peuvent avoir un caractère imitatif, comme l'onomatopée qui sert au sauvage pour décrire un animal par le cri, ou comme la photographie, qui aide le civilisé à se figurer un personnage célèbre. Mais, même alors, ils ont une portée symbolique, en ce qu'ils rappellent seulement certains traits de l'original et que c'est à l'imagination ou à la mémoire de faire le reste. On pourrait définir le symbole : une représentation qui ne vise pas à être une reproduction. La reproduction suppose que le signe représentatif est identique ou du moins semblable à l'objet représenté ; le symbolisme exige uniquement que l'un puisse rappeler l'autre, par une association d'idées naturelle ou convenue. En ce sens, il n'y a rien qui ne puisse fournir la matière d'un symbole. Nous vivons au milieu de représentations symboliques, depuis le drapeau qui flotte sur nos monuments jusqu'au billet de banque qui se trouve dans notre coffre-fort. Le symbolisme se mêle à toute notre vie intellectuelle et sociale, depuis les poignées de main que nous distribuons au matin jusqu'aux applaudissements dont nous gratifions l'acteur du soir. Les arts ne font que du symbolisme, alors même qu'ils prétendent s'en tenir à l'imitation servile de la nature. C'est en symboles que nous parlons, que nous écrivons, — et même que nous pensons, s'il faut en croire les systèmes philosophiques qui se fondent sur notre impuissance à saisir la réalité des choses.

C'est surtout le sentiment, — particulièrement le sentiment religieux, — qui recourt largement au symbolisme pour se mettre en communication plus intime avec l'être ou l'abstraction dont il désire se rapprocher. A cet effet, on voit partout les hommes tantôt adopter des objets naturels ou artificiels qui leur rappellent le grand absent, tantôt imiter, d'une façon systématique, les faits et gestes qu'ils lui prêtent, — ce qui est une manière de participer à sa vie ; — tantôt enfin objectiver, par des procédés aussi variés que significatifs, toutes les nuances des sentiments qu'il leur inspire, depuis l'humilité la plus profonde jusqu'à l'amour le plus ardent. De là l'extrême diversité des symboles, qui peuvent se diviser en deux classes, suivant qu'ils consistent en actes ou rites, ou bien en objets ou emblèmes. Nous nous occuperons exclusivement ici de cette seconde catégorie, ou plutôt des représentations figurées qu'elle a inspirées et que les générations passées nous ont transmises comme autant de vestiges matériels de leurs croyances. Même ainsi restreint, le champ des recherches est encore assez vaste pour qu'on ait à craindre de s'y égarer.

Les études de symbolique comparée sont tombées, vers la seconde partie de ce siècle, dans un discrédit qu'expliquent suffisamment leurs vicissitudes antérieures. Aux synthèses non moins prématurées que brillantes, — bâties avec des matériaux insuffisants et défectueux par l'école rationaliste, dont Dupuis et Dulaure avaient été les plus illustres représentants, — succéda, il y a une cinquantaine d'années, le système, plus philosophique que historique, de Creuzer et de ses disciples, qui se faisaient fort de retrouver, dans toutes les pratiques religieuses de l'antiquité, le reflet déguisé ou défiguré d'une profonde sagesse primitive. Toutes ces théories, après avoir successivement captivé l'opinion, se sont lentement désagrégées sous les démentis multiples que leur infligeaient les découvertes de l'archéologie, de l'ethnographie, de la linguistique, de l'histoire, et, comme il arrive souvent, la réaction qui s'ensuivit fut en proportion du premier engouement. Même les tentatives plus récentes de MM. Lajard et Emile Burnouf, bien que serrant les faits de plus près, n'étaient pas de nature à nous faire remonter le courant. Il semblait que l'archéologie comparée dût définitivement proscrire l'imagination au profit de la seule critique ; et aujourd'hui encore certains, savants ne cherchent rien moins qu'à bannir l'hypothèse des recherches relatifs à l'origine ainsi qu'à la signification des symboles, — comme si l'hypothèse n'était pas, dans tous les ordres d'études, un facteur nécessaire du progrès scientifique, sous cette seule réserve de n'être pas donnée comme un fait acquis.

Et cependant, pour qui voudrait reprendre ce genre de recherches, la situation a bien changé depuis trente-cinq ans. Les documents qui permettent de comparer, dans toutes les conditions d'authenticité désirables, les représentations figurées des différents peuples, se sont accumulés dans une telle proportion que désormais le principal obstacle gît dans leur multiplicité et leur dissémination. Il n'y a pas tant d'années que les mémoires des académies fondées dans les principales capitales de l'Europe, et les annales naissantes de quelques institutions archéologiques constituaient, avec certaines grandes publications relatives aux monuments de l'antiquité classique et de l'Egypte, le seul fonds auquel pût s'adresser l'historien du symbolisme.

Aujourd'hui, nous avons partout sous la main, dans des publications qu'on pourra compléter, mais non dépasser en importance et en exactitude, le résultat des fouilles poursuivies simultanément en Chaldée, en Assyrie, en Perse, en Asie-Mineure, en Phénicie, en Afrique, sans oublier La reproduction des monuments découverts ou étudiés à nouveau en Grèce, en Italie, dans l'Inde, dans l'extrême Orient et jusque dans les deux Amériques.

Les recueils d'archéologie, qui ont rendu tant de services à l'étude de l'art antique, se sont multipliés jusque dans les plus petits états de l'Europe. Il n'est pas une branche de cette science, depuis la sigillographie jusqu'à la numismatique, qui n'ait ses sociétés et ses organes particuliers. Grâce surtout à la générosité des gouvernements, non-seulement les musées se sont enrichis en proportion des découvertes, mais encore les collections les plus importantes font l'objet de catalogues raisonnes qui permettent d'utiliser leurs matériaux même à l'étranger. Enfin des travaux d'ensemble, conçus aux points-de vue les plus variés, viennent centraliser tous ces documents, en rendant ainsi la tâche plus aisée à ceux qui veulent suivre les traces et éclaircir le sens des principaux symboles.

D'autre part, le déchiffrement des inscriptions, le classement et l'interprétation des documents écrits, les progrès généraux de l'histoire, et particulièrement de l'histoire religieuse, en nous éclairant sur les croyances des peuples, nous permettent de mieux établir le rapport de leurs symboles avec leurs mythes et leurs cérémonies, en même temps qu'une connaissance plus exacte du milieu social et géographique où ces symboles ont pris naissance nous aide à retrouver les origines de l'image qui a fourni un corps à l'idée.

Dès lors, il n'y a plus de motifs pour qu'on n'arrive pas, dans l'étude des symboles, à des résultats aussi positifs que dans l'étude des mythes. L'examen comparé des mythes est entré depuis longtemps dans une phase scientifique, soit qu'avec M. Max Muller et l'école linguistique on se contente de rapprocher les traditions des nations parlant des langues apparentées, soit qu'avec M. Andrew Lang et la plupart des ethnographes on ne se fasse pas scrupule de comparer la mythologie de tous les peuples connus. Or, le mythe, — qu'on peut définir : une dramatisation de phénomènes naturels ou d'événements abstraits, — offre plus d'un trait commun avec le symbole. L'un et l'autre reposent sur le raisonnement par analogie, qui, dans un cas, crée un récit imagé ; dans l'autre, une image matérielle. Sans doute, il y a cette différence, — un peu méconnue par ceux qui ont embrouillé la notion du symbolisme religieux en y englobant la mythologie, — que, dans le symbole, on doit avoir conscience d'une distinction entre l'image et l'être ou l'objet ainsi représenté, tandis qu'un caractère essentiel du mythe est de supposer le récit conforme à la réalité. Mais il est facile de comprendre que tous les deux se forment fréquemment à l'aide des mêmes procédés, et surtout se transmettent par les mêmes voies.

En tout cas, il y a des religions dont on ne peut se rendre compte, si l'on ne s'efforce de suppléer à l'insuffisance des textes par l'étude des monuments figurés. Un symptôme significatif sous ce rapport, c'est la tendance croissante, chez les savants, à utiliser, dans l'étude des religions particulières, les textes pour contrôler les symboles et les symboles pour contrôler les textes, comme on peut en juger par les récents travaux de MM. Senart sur l'histoire du bouddhisme, Gaidoz et Al. Bertrand sur les symboles de l'ancienne Gaule, J. Menant sur les pierres gravées de la Haute-Asie, Ch. Lenormant, Clermont-Ganneau, Ledrain et Ph. Berger sur les représentations figurées des religions sémitiques. Ces travaux sont la meilleure démonstration des services que peut rendre à l'histoire des religions l'interprétation des symboles, pourvu qu'on y observe toute la rigueur des méthodes scientifiques.

A cet effet, il ne s'agit pas seulement d'éviter les idées préconçues et les généralisations hâtives. Ce qu'il faut surtout, c'est, provisoirement, substituer l'analyse à la synthèse, l'histoire des symboles à l'histoire du symbolisme, — en d'autres termes, prendre les principales figures symboliques une à une, pour en reconstituer l'histoire respective, d'abord au sein de chaque peuple, puis dans l'ensemble des pays où elles se rencontrent. Il n'y a pas d'autre procédé pour arriver à établir comment elles ont passé d'une nation à une autre et dans quelle mesure elles ont modifié, au cours de ces migrations, leur signification et leur forme. Peut-être, après de multiples et patientes recherches de ce genre, arrivera-t-on à établir les lois du symbolisme, comme on l'a fait pour la grammaire comparée, ou simplement à réunir les matériaux d'une histoire générale de la symbolique, comme on l'a réalisé pour presque toutes les branches de nos connaissances. Il est inutile d'insister sur l'intérêt qu'offrirait une pareille œuvre, en dehors même des services qu'elle serait appelée à rendre aux sciences archéologiques. En religion, en littérature, en art, le symbolisme est une nécessité de l'esprit humain, qui, fort heureusement pour son développement esthétique, n'a jamais pu ni se contenter des abstractions pures, ni s'en tenir au contour extérieur des choses. Sous les formes matérielles et parfois incohérentes par lesquelles les générations passées ont exprimé leurs aspirations et leurs croyances, nous sentons un cœur qui bat, une âme qui fait appel à d'autres âmes, un esprit qui cherche à embrasser l'infini dans le fini, à objectiver, sous des traits fournis par la nature ou par l'imagination, ses conceptions les plus approximatives d'une réalité insaisissable en sa plénitude. Sans doute, les symboles qui ont attiré au plus haut point la vénération des foules ont été les signes représentatifs de dieux souvent absurdes et grossiers, mais qu'ont jamais été les dieux eux-mêmes, sinon les symboles plus ou moins imparfaits de l'Être, supérieur à toute définition, que la conscience humaine, à mesure qu'elle s'est développée, a entrevu plus clairement au travers et au-dessus des dieux ?

Section I

Il semblerait que la variété des symboles dût être sans limites, comme les combinaisons de l'imagination humaine. Cependant il n'est pas rare de retrouver les mêmes figures symboliques chez les peuples les plus éloignés. Ces rencontres ne peuvent guère s'expliquer par le hasard, comme des coïncidences de caléidoscope. Hormis le cas des symboles trouvés chez des peuples qui appartiennent à la même race et, qui, par suite, ont pu emporter de leur berceau commun certains éléments de leur symbolique respective, il n'y a que deux explications possibles : ou bien ces images ont été conçues isolément en vertu d'une loi de l'esprit humain, ou bien elles ont passé d'un pays à l'autre par voie d'emprunt. Il existe un symbolisme tellement naturel qu'à l'instar de certains engins propres aux âges de la pierre, il n'appartient pas à telle ou à telle race déterminée, mais il constitue un trait caractéristique de l'humanité à une certaine phase de son développement. Dans cette catégorie rentrent les représentations du soleil par un disque ou par un visage rayonnant, de la lune par un croissant, de l'air par des oiseaux, de l'eau par des poissons ou encore par une ligne brisée, de la foudre par une flèche ou une massue, etc. Peut-être faut-il y ajouter certaines analogies plus compliquées, comme celles qui mènent à symboliser par la destinée de l'arbre les différentes phases de la vie humaine, par des emblèmes phalliques les forces génératrices de la nature, par le triangle équilatéral les triades divines ou, en général, toute combinaison triple dont les membres sont égaux ; enfin, par une croix, les quatre principales directions de l'espace.

Que de théories n'a-t-on pas échafaudées sur la présence de la croix, comme objet de vénération, chez presque tous les peuples de l'ancien et du Nouveau-Monde ! Des écrivains catholiques ont protesté à juste titre, dans ces dernières années, contre la prétention d'attribuer une origine païenne à la croix des chrétiens, parce que des cultes antérieurs auraient eu des signes cruciformes dans leur symbolique. Mais il est juste d'opposer la même fin de non-recevoir aux tentatives faites pour chercher des infiltrations chrétiennes dans certains cultes étrangers, sous prétexte qu'ils possédaient le signe de la rédemption.

Quand les Espagnols s'emparèrent de l'Amérique centrale, ils trouvèrent dans les temples indigènes de vraies croix qui passaient pour le symbole, tantôt d'une divinité à la fois terrible et bienfaisante, Tlaloc, tantôt d'un héros civilisateur, blanc et barbu, Quetzacoatl, que la tradition faisait venir de l'est. Ils en conclurent que la croix avait été importée chez les Toltèques par des missions chrétiennes dont la trace s'était perdue et, comme il faut toujours que la légende se fixe sur un nom connu, ils en firent honneur à saint Thomas, l'apôtre légendaire de toutes les Indes.[1] Bien que cette thèse ait encore trouvé des défenseurs dans les dernières réunions du congrès des américanistes, on peut la regarder comme définitivement rejetée. — Il est désormais hors de contestation que la croix de l'Amérique précolombienne est une rose des vents, qu'elle représente les quatre directions principales d'où vient la pluie et qu'elle est ainsi devenue le symbole du dieu dispensateur des eaux célestes, Tlaloc, par extension, du personnage mythique Quetzaoooatl. Si la croix des Toltèques pouvait se rattacher à une figure analogue du vieux monde, ce serait plutôt aux croix de l'antique Mésopotamie, où l'on avait aussi adopté ce signe pour symboliser les quatre directions de l'espace et par extension le ciel ou le dieu du ciel, Anou. Mais il faudrait d'abord établir que des relations directes ou indirectes ont pu exister entre l'art religieux de la Mésopotamie et celui de l'ancienne Amérique. Or, pour écarter cette hypothèse, — si même on se refuse à admettre le développement original de la civilisation précolombienne, — il suffit de réfléchir au nombre de siècles qui séparent celle-ci des glands empires de l'Euphrate et du Tigre. Cette lacune plus que millénaire ne pourrait être comblée qu'en faisant intervenir la Chine, du moins pour ceux qui admettent à la fois, avec M. Charnay, les origines mongoliennes de la civilisation américaine, et, avec M. Terrien de la Couperie, les origines chaldéennes de la civilisation chinoise. Mais alors il resterait encore à prouver qu'en Chine la croix a été employée de la même manière et avec la même signification. — On comprend qu'il est plus sage de voir provisoirement dans cette coïncidence le simple résultat de deux raisonnements identiques en leur simplicité.

D'un autre côté, on ne peut contester la facilité avec laquelle se transmettent les symboles. Produits courants de l'industrie, thèmes favoris des artistes, ils passent sans cesse d'un pays à l'autre avec les

1 Dans la célèbre stèle de Palenqué, on découvre un prêtre qui s'avance, avec urne offrande dans les bras, vers un oiseau perché sur une croix. Or il se trouve que sur une cornaline romaine des premiers siècles, reproduite par le père Garucci, on voit le bon pasteur, un agneau sur les épaules, se diriger vers une croix de forme patibulaire, sur laquelle se trouve également un oiseau. Cependant ici encore l'analogie n'est qu'à la surface. L'oiseau de la croix chrétienne est une colombe qui tient un rameau dans son bec, symbole bien connu de l'espérance. L'oiseau de la croix toltèque est une image de Quetzacoatl souvent représenté sous les traits d'un perroquet.

articles d'échange et les objets de parure, témoin les échantillons de la symbolique et de l'iconographie indoues, chinoises, japonaises qui pénètrent chez nous avec les potiches, les ivoires, les étoiles et, en général, avec toutes les curiosités de l'extrême Orient. Autrefois soldats, marins, voyageurs de toute profession, ne se mettaient pas en route sans emporter sous une forme quelconque leurs symboles et leurs dieux, dont ils répandaient ainsi la connaissance au loin, quittes à rapporter ceux de l'étranger dans leurs bagages. L'esclavage, si développé dans le monde antique, a dû également favoriser l'importation des symboles par l'entremise de ces innombrables captifs que la fortune de la guerre ou les hasards de la piraterie faisaient affluer des régions les plus lointaines, sans qu'on pût leur enlever le souvenir de leurs dieux ni de leur culte. Enfin les monnaies n'ont jamais manqué de propager à d'énormes distances les symboles des nations qui les émettaient : les pièces gauloises ne sont guère que des contrefaçons du monnayage grec sous Philippe ou Alexandre, et on a retrouvé, jusque dans les tumuli de la Scandinavie, des pièces qui imitaient grossièrement des monnaies de la Bactriane.

Or, rien n'est aussi contagieux qu'un symbole, sauf peut-être une superstition ; à plus forte raison quand ils sont réunis, et ils l'étaient d'ordinaire chez les peuples de l'antiquité, qui n'adoptaient guère de symbole sans y attacher une valeur de talisman. Même aujourd'hui, il ne manque pas de touristes qui reviennent de Naples avec une corne de corail pendue, suivant le sexe du voyageur, au bracelet ou à la chaîne de montre. Croient-ils réellement trouver un préservatif contre le mauvais œil dans cette survivance italienne d'un vieux symbole chaldéen ? Pour beaucoup d'entre eux, ce n'est assurément qu'une curiosité locale, un bibelot, un souvenir de voyage. Mais il en est certainement, dans le nombre, qui se laissent influencer, peut-être à leur insu, par le préjugé napolitain : « Cela ne peut faire de mal et cela fera peut-être du bien, » seraient-ils tentés de vous répondre, à l'instar de certains joueurs qu'on plaisante sur leurs fétiches. Il y a là un raisonnement qui est à peu près général parmi les populations polythéistes, où chacun juge prudent de rendre hommage non-seulement à ses propres dieux, mais encore à ceux des autres et même aux divinités inconnues, car sait-on jamais de qui l'on peut avoir besoin, dans ce monde ou dans l'autre ? C'est par milliers qu'on a retrouvé les scarabées égyptiens, de la Mésopotamie à la Sardaigne, partout où ont pénétré soit les armées des Pharaons, soit les navires des Phéniciens. Partout aussi, dans ces parages, on a recueilli des scarabées indigènes fabriqués à l'imitation de l'Egypte et reproduisant avec plus ou moins d'exactitude les symboles que prodiguaient, sur le plat de leurs amulettes, les graveurs de la vallée du Nil. C'est ainsi encore que, longtemps avant la diffusion des monnaies, les poteries, les bijoux, les figurines de la Grèce et de l'Étrurie ont fourni de types divins et de figures symboliques tout le centre et l'occident de l'Europe.

Y a-t-il des indices qui permettent de distinguer si des symboles analogues ont été engendrés isolément ou s'ils dérivent d'une même source ? La complexité et la bizarrerie des formes, lorsqu'elles dépassent certaines limites, sont de nature à autoriser la seconde de ces hypothèses. On connaît l'aigle à deux têtes de l'ancien empire germanique, passé aujourd'hui dans les armes de l'Autriche et de la Russie. Quelle ne fut pas la surprise des Anglais Barthe et Hamilton, quand, voyageant en Asie-Mineure, il y a une cinquantaine d'années, ils découvrirent un aigle bicéphale du même modèle, gravé au milieu de scènes religieuses dans des bas-reliefs de la Ptérie qui remontent à la civilisation des Hettéens ! Il est malaisé d'admettre que, des deux côtés, on ait spontanément imaginé, en traits identiques, une représentation aussi contraire aux lois de la nature. M. de Longpérier a donné le mot de l'énigme, en rappelant que l'aigle à deux têtes remplaça seulement l'aigle monocéphale, dans les armoiries de l'empire, après l'expédition de Frédéric II en Orient, et qu'au commencement du XIIIe siècle il figurait sur les monnaies, ainsi que sur les drapeaux des princes turcomans, alors maîtres de l'Asie-Mineure. Ceux-ci l'avaient adopté comme symbole de toute-puissance, peut-être pour figurer le Hamca, l'oiseau fabuleux des traditions musulmanes, qui enlève le buffle et l'éléphant comme le milan enlève la souris. Ainsi la race turque, fait observer M. Perrot, à qui nous empruntons ce renseignement, s'est vu, à Lépante et à Belgrade, fermer l'entrée de l'occident par l'aigle qui l'avait conduite triomphante sur les rives de l'Euphrate, — et dont elle-même, peut-on ajouter, avait sans doute emprunté l'image aux sculptures taillées par ses mystérieuses devancières sur les rochers d'Euiuk et de Jasilikaïa.[1]

A défaut d'indications suffisantes qui résultent de la forme, l'identité de signification et d'emploi peut donner de fortes présomptions pour la parenté des symboles. Il n'y aurait rien de surprenant à ce que les Hindous et les Égyptiens eussent séparément adopté, comme symbole du soleil, la fleur du lotus, qui, chaque matin, s'ouvre sous les premiers rayons de l'astre pour se refermer à l'approche du soir, et qui semble naître d'elle-même à la surface des eaux tranquilles. Mais l'hypothèse d'un emprunt devient bien plus probable, lorsque, dans l'iconographie des deux peuples, nous voyons cette fleur à la fois servir de support aux dieux solaires, comme Horus ou Vishnou, et figurer dans la main des déesses associées à ces dieux, comme Hathor ou Lakshmi, — les Vénus respectives de l'Egypte et de l'Inde. — Enfin, cette probabilité se change en quasi-certitude, quand, des deux côtés, nous trouvons le lotus employé à rendre la même nuance de pensée : dans des applications assez indirectes du symbolisme solaire. Il faut remarquer, en effet, que de part et d'autre, cette plante figure moins le soleil lui-même que la matrice solaire, le sanctuaire mystérieux où le soleil se retire chaque soir pour y puiser une vie nouvelle. Les Égyptiens disaient que le lotus renferme le secret des dieux, et Horus est parfois représenté s'élançant d'un calice lotiforme que tient Hathor. De même les textes sacrés de l'Inde nous parlent constamment des dieux comme sortis du lotus, et une légende hindoue, rapportée par le père Vincenzo de Santa-Catarina, fait habiter Brahma dans une mer de fait sur une fleur de lotus où il dort et veille alternativement six mois chaque année.

De là une double extension attribuée au sens du symbole. Les Egyptiens, qui voyaient dans la renaissance du soleil une représentation et un gage de la destinée humaine, firent du lotus un symbole de résurrection et d'immortalité. On observe, parmi

1 M. de Longpérier fait observer que, par une section pratiquée à la base d'une tige de fougère, on obtient la figure d'un aigle à deux têtes. Or la fougère s'appelait en grec (GREC) comme la province asiatique où se rencontrent les représentations sculptées de l'oiseau bicéphale. Le savant archéologue demande si ce ne serait pas cette similitude qui aurait fait choisir l'aigle à deux têtes comme emblème de la Ptérie. Mais on sait aujourd'hui que les bas-reliefs d'Euiuk et de Jasilikaïa sont fort antérieurs à l'entrée en scène des Grecs. Tout au plus serait-il admissible que la ressemblance du symbole hettéen avec la figure tirée de la fougère aurait amené les Grecs à nommer le pays d'après cette plante.

les peintures d'un sarcophage actuellement au Louvre, un scarabée qui sort d'une fleur de lotus, entre Isis et Nephtys dans leur attitude de gardiennes et protectrices des morts. Le lotus fut même adopté avec cette signification funéraire par le symbolisme de l'Occident ; on l'y retrouve non-seulement dans les traditions grecques relatives aux Lotophages, ce peuple fabuleux, peut-être d'outre-tombe, qui se nourrit du lotus pour oublier la vie et ses peines, mais encore dans les inscriptions de pierres tombales comme celles qu'on découvrit il y a quelques années à Juslenville près de Liège, dans un cimetière belgo-romain du IIIe siècle. D'autre part, en tant que réceptacle de la vie universelle, le lotus devint aisément le symbole de la création. C'est surtout dans cette acception qu'il fut adopté par les Hindous. Les Brahmanes, comme les Egyptiens, représentèrent la première forme de l'univers par l'image d'un lotus flottant sur les eaux. C'est sur un lotus d'or que Brahma apparaît à l'origine des temps, et c'est avec les diverses parties de cette plante qu'il crée les différentes parties du monde. Les bouddhistes, de leur côté, qui regardaient la vie comme un mal, choisirent le lotus pour symboliser, soit l'ensemble des créations qui remplissent l'univers et s'y emboîtent à l'infini, soit l'enseignement sublime par lequel leur Maître a dévoilé le moyen de se soustraire à l'enchaînement des renaissances, et c'est dans ce sens qu'ils portèrent jusqu'aux limites de l'extrême Orient le lotus de la Bonne-Loi.

Nous ignorons et nous ignorerons peut-être toujours comment les premières communications d'idées ont pu se faire entre l'Egypte et l'Inde. Mais nous pouvons du moins, grâce aux monuments comparés, découvrir quelques étapes intermédiaires de la route que le symbolisme du lotus suivit vers l'Orient. Ainsi, dans les sculptures de la Phénicie, on trouve des déesses qui tiennent à la main un calice de lotus, et, sur les bas-reliefs perses de Tak-i-Bustan, le dieu solaire Mithra est assis sur la fleur épanouie de la plante. Chez les Mésopotamiens et chez les Perses, il n'est pas rare de voir cette fleur, par un étrange renversement des lois botaniques, décorer des arbres à haute tige où l'on s'accorde à reconnaître, soit l'arbre sacré des Sémites, soit l'arbre iranien qui sécrète la liqueur d'immortalité. Sur une patère de travail phénicien trouvée à Amathonte, les fleurs de lotus, que portent ces arbres conventionnels, sont cueillies d'une main par des personnages, vêtus à l'assyrienne, qui, de l'autre main, tiennent une clé de vie. Aujourd'hui enfin, la *nymphœa nelumbo*, le beau lotus à fleur rose, qu'on reconnaît sur les monuments de l'Egypte, ne croît plus nulle part à l'état sauvage dans la vallée du Nil ; mais, par une curieuse coïncidence, il s'est conservé dans la flore comme dans la symbolique de l'Inde.

Une des formes les plus fréquentes de la croix, c'est la croix gammée, ainsi nommée parce que ses quatre brasse recourbent à angle droit, en formant une figure analogue à quatre gammas grecs dirigés dans le même sens et soudés par la base. On la rencontre chez tous les peuples du vieux monde qui s'étendent du Japon à l'Islande, et elle s'est retrouvée jusque dans les deux Amériques. Rien n'empêche de supposer, au premier abord, qu'elle aurait été conçue spontanément partout, à l'instar des croix équilatérales, des cercles, des triangles, des chevrons et des autres ornements géométriques si fréquents dans la décoration primitive. Mais, quand on la voit, tout au moins chez les peuples de l'ancien continent, invariablement passer pour un porte-bonheur, figurer dans des scènes funéraires ou sur des pierres tombales, de la Grèce à la Scandinavie et de la Numidie au Tibet, enfin décorer la poitrine des personnages divins, depuis Apollon jusqu'au Bouddha, sans oublier certaines représentations du Bon-Pasteur dans les catacombes, on ne peut se soustraire à la conviction que, dans sa signification, sinon dans sa forme, elle procède d'une source unique. Et cette assertion semble confirmée par le classement des monuments où on l'a rencontrée ; elle apparaît, en effet, dès les temps préhistoriques, chez les peuples originaires du bassin du Danube qui ont respectivement colonisé les rives de la Troade et le nord de l'Italie, puis elle s'étend, avec les produits de cette antique culture, d'un côté chez les Grecs, les Étrusques, les Latins, les Gaulois, les Germains, les Bretons, les Scandinaves, de l'autre, en Asie-Mineure, au Caucase, en Perse, dans l'Inde, enfin en Chine et au Japon. Pour que deux figures aient même origine, il n'est pas toujours nécessaire qu'elles aient même signification. Souvent il arrive qu'un symbole change de sens en changeant de patrie. Il peut très bien ne garder qu'une valeur générale de talisman ou d'amulette, comme ces crucifix, passés à l'état de fétiches, qui sont l'unique vestige du christianisme laissé chez certaines tribus du Congo par la domination portugaise du siècle dernier. Quelquefois alors, — surtout quand il s'agit d'une image proprement dite, — ses nouveaux possesseurs chercheront à se l'expliquer par quelque interprétation plus ou moins ingénieuse et ils lui restitueront ainsi une portée symbolique, bien qu'au service d'une conception nouvelle. On a souvent comparé le soleil levant à un nouveau-né. Chez les Égyptiens, ce rapprochement conduisit à représenter Horus sous les traits d'un enfant qui se suce le doigt. Les Grecs s'imaginèrent qu'il se posait le doigt sur les lèvres pour recommander la discrétion aux initiés et ils en firent l'image d'Harpocrate, le dieu du silence.

Ces altérations de sens peuvent d'ailleurs se concilier parfaitement avec la connaissance de la signification primitive. Il y a des grâces d'état pour faire retrouver partout l'image ou l'idée qu'on affectionne. C'est de très bonne foi que les néo-platoniciens croyaient reconnaître les représentations de leurs propres doctrines dans les symboles aussi bien que dans les mythes de toutes les religions contemporaines. Les premiers chrétiens ne voyaient-ils pas la croix dans toutes les figures qui leur présentaient une intersection de lignes : l'ancre, le mât et sa vergue, l'étendard, la charrue, l'homme qui nage, l'oiseau qui vole, l'orant aux bras étendus, l'agneau pascal sur sa broche, voire le visage humain où la ligne du nez se croise avec celle des yeux ? Quand on démolit le Sérapéum à Alexandrie, les auteurs chrétiens du temps rapportent qu'on y trouva un certain nombre de croix ansées. Eux-mêmes font observer qu'on reconnut dans ces figures le vieux symbole égyptien de la vie, ce qui ne les empêche pas d'y voir une allusion prophétique au signe de la Rédemption. Sozomène ajoute que ce fait provoqua de nombreuses conversions parmi les païens.

Il peut arriver aussi qu'on modifie sciemment la signification du symbole étranger, afin de l'adapter à une idée ou à une croyance jusque là dépourvue de toute expression matérielle ou restreinte à quelques figurations rudimentaires. Quand les Perses se furent emparés de la Mésopotamie, ils s'approprièrent presque toute l'imagerie des vaincus, pour donner corps à leurs propres conceptions religieuses, que l'absence d'un art national laissait sans représentations plastiques bien définies. De même, quand les chrétiens commencèrent à reproduire sur les parois des catacombes les scènes de l'Ancien-Testament et les paraboles du Nouveau, ce fut à l'art classique et même mythologique qu'ils empruntèrent leurs premiers modèles. Mercure criophore fournit le type du Bon-Pasteur. Orphée apprivoisant les animaux féroces devint un symbole du Christ et de sa prédication. Le chrétien s'attachant à la croix pour dompter les tentations fut représenté par Ulysse lié au mât de son navire pour résister aux chants des Sirènes. Par une ingénieuse application d'un mythe que le paganisme avait déjà spiritualise, Psyché offrit l'image de l'âme humaine s'unissant à l'Amour remplacé par un ange. Les religions de la Gaule et de l'Inde ont donné l'exemple d'assimilations analogues, du jour où elles se sont trouvées en contact avec la symbolique de nations plus avancées.

Section II

Des symboles peuvent même différer d'aspect et cependant se rattacher les uns aux autres par les liens d'une filiation plus ou moins directe. Ceci nous amène à examiner les causes qui peuvent altérer les formes des représentations symboliques. Il y a d'abord une tendance à réduire ou à simplifier la figure, soit pour l'enfermer dans un moindre espace, soit pour diminuer le travail de l'artiste, surtout quand il s'agit d'une image compliquée, d'un emploi fréquent. Dans tous les systèmes d'écriture où les caractères ont débuté sous forme d'hiéroglyphes, il n'y a qu'à gratter la lettre pour retrouver le symbole. On sait que notre voyelle A était originairement une tête de bœuf, un bucrâne, et celui-ci, à son tour, représentait l'animal entier, conformément à la règle populaire que la partie vaut pour le tout, aussi bien en matière de symboles que de sacrifices. C'est ainsi encore que, dans les signes du zodiaque, le lion est simplement représenté par sa queue. D'autres fois ce sont, au contraire, des additions et des enjolivements dictés par des préoccupations esthétiques. Tel a été notamment le sort de presque tous les symboles adoptés par la Grèce, dont l'art, si puissamment original, n'a jamais accepté les types étrangers sans leur imprimer de profondes et heureuses modifications.

Le caducée n'a pas toujours offert la forme classique de deux serpents symétriquement enlacés autour d'une verge ailée. Sur les plus anciens monuments, c'est un bâton dont la tête noueuse se bifurque en deux branches qui s'arrondissent pour se recroiser, puis s'écartent pour se rapprocher de nouveau, de façon à former un 8 placé au bout d'une hampe et ouvert par le haut. Les poésies d'Homère nous font entrevoir une époque, plus éloignée encore, où l'attribut d'Hermès était une simple baguette fleuronnée, (GREC), à trois feuilles. Comment expliquer ces transformations ? La première en date est peut-être due à l'influence des Phéniciens qui nous ont laissé sur leurs stèles, surtout en Libye, l'image de nombreux caducées formés d'un cercle placé sur un bâton et surmonté d'un croissant. Quant à la seconde modification, justifiée, après l'événement, par la légende relative à Hermès jetant sa verge entre deux serpents qui se battaient, on peut discuter si elle révèle une intention symbolique ou si, comme le pensent la plupart des érudits, elle est due à une fantaisie de l'art grec. Mais, quoi qu'il en soit, c'est sans doute à cette innovation que le caducée doit de s'être maintenu dans la symbolique moderne pour y représenter deux attributs toujours actuels de Mercure : l'industrie et le commerce. De même, dans l'Inde, où il a été introduit par les Grecs (il y apparaît, pour la première fois, au revers d'une monnaie émise par Sophytès, prince indigène contemporain d'Alexandre), il s'est perpétué jusqu'à notre époque, où M. Guimet en a observé de nombreux exemplaires parmi les pierres votives de certains temples vishnouites. En matière de symbole, rien ne se perd de ce qui mérite de vivre et sait se transformer.

Les symboles sont, eux aussi, soumis à la loi du combat pour la vie. C'est encore à un perfectionnement artistique que nous devons sans doute la longévité du foudre, autre figure qu'on a crue longtemps d'origine hellénique. Presque tous les peuples ont représenté le feu du ciel par une arme, quelquefois aussi par un oiseau au vol puissant et rapide. Chez les Chaldéens, il était symbolisé par un trident : des cylindres qui remontent aux plus vieux temps de l'art chaldéen nous montrent un jet d'eau qui s'échappe du trident tenu par le dieu du ciel ou de l'orage. L'artiste assyrien qui, le premier, sur les bas-reliefs de Nimroud ou de Malthaï, dédoubla ce trident ou plutôt le transforma en un faisceau trifide, capable de se prêter aux raffinements et aux élégances de l'art classique, assura par là au vieux symbole mésopotamien l'avantage sur toutes les autres représentations de la foudre avec lesquelles il devait entrer en concurrence. Les Grecs, comme toutes les nations indo-européennes, paraissent s'être figuré le feu de l'orage sous les traits d'un oiseau de proie. Quand ils eurent reçu d'Asie-Mineure l'image du foudre, ils la placèrent dans les serres de l'aigle et en firent le sceptre de Zeus, quittes, suivant leur habitude, à expliquer par une légende cette combinaison symbolique : ce serait l'aigle qui aurait apporté le foudre à Zeus, quand celui-ci s'équipa pour la guerre des Titans. L'Italie latine transmit le foudre à la Gaule, où, dans les derniers siècles du paganisme, il alterna, sur les monuments gallo-romains, avec le marteau à deux têtes ; on le trouve même sur des amulettes de la Germanie, de la Scandinavie et de la Bretagne. En Orient, il pénétra dans l'Inde, comme le caducée, à la suite d'Alexandre. Là il se trouva en compétition avec d'autres symboles qui avaient la même signification : l'épervier aux ailes d'or, — la pierre à quatre pointes dont parlent les Védas, — la croix de Saint-André (peut-être elle-même une double fourche), qui forme l'arme redoutable d'Indra, dieu du ciel orageux, — enfin, son propre antécédent, le trident, que les Hindous avaient emprunté à la symbolique de l'Occident ou tiré de leur propre fonds. — Siva, qui succède à Zeus sur les monnaies des rois indo-scythes, quand s'éteignent les dernières lueurs de la civilisation grecque dans le nord-est de l'Inde, tient en main tantôt le foudre, tantôt le trident, et, si c'est ce dernier qui reste exclusivement l'arme du dieu dans l'imagerie postérieure des sectes hindoues, le foudre n'en fit pas moins son chemin chez les bouddhistes, qui le transportèrent, avec leur symbolique, jusqu'en Chine et au Japon. Aujourd'hui encore il s'y laisse reconnaître sous la forme de *dordj*, petit instrument de bronze en forme de double faisceau à six ou à huit traits, qui, tenu entre le pouce et l'index, sert aux lamas et aux bonzes pour bénir les fidèles et exorciser les démons. Une légende recueillie dans le Népaul par M. Gustave Le Bon prétend justifier les représentations du foudre sur les temples du pays en relatant que le Bouddha l'aurait arraché au dieu Indra. L'assertion est vraie, en ce sens que les bouddhistes, après avoir précipité du rang suprême le Maître de l'Olympe védique, ont fait de son terrible et capricieux engin un allié de l'homme dans la lutte contre les puissances du mal. Il est intéressant de constater que, chez nous également, l'antique et redoutable attribut du Maître du tonnerre est devenu l'emblème de la foudre soustraite à la direction aveugle des forces naturelles et mise par la science au service de l'industrie humaine. Peu de symboles peuvent se vanter d'une carrière aussi longue et aussi bien remplie.

A côté des perfectionnements dus aux velléités artistiques de leurs auteurs, il faut placer les déformations produites par l'ignorance ou la maladresse du copiste, comme on peut en constater sur tant de monnaies gauloises où les symboles grecs ont pris les formes les plus bizarres. Parfois, de ces dégénérescences sort un type nouveau qui succède à l'ancien, comme ces vues fondantes, séparées par de courts intervalles, où les linéaments des deux tableaux se confondent en une image indistincte qui n'est plus l'un et qui n'est pas encore l'autre. C'est ainsi que la croix ansée des Égyptiens parait avoir engendré certains types de la Diane éphésienne, au visage nimbé, aux bras entr'ouverts, au corps enfermé dans une gaine, alors que le triangle sacré des Sémites, si fréquemment surmonté d'un disque et de deux barres horizontales, aurait inspiré chez les Grecs, — suivant François Lenormant, — des représentations d'harmonie ou même d'Aphrodite sous la forme d'un cône couronné d'une tiare et muni de deux bras rudimentaires. — Comme contre-partie de ces métamorphoses qui changent un symbole linéaire en représentation de la figure humaine, on peut citer certaines images, sculptées sur des pagaies de la Nouvelle Irlande, qui furent exhibées, en 1872, à la réunion annuelle de l'Association britannique pour le progrès des sciences. Il s'y révèle toute une série de déformations qui métamorphosent graduellement un visage humain en un croissant couché sur la pointe d'une flèche : n'eût été la présence des formes intermédiaires, jamais l'on n'aurait pu admettre ou même soupçonner la parenté des deux termes extrêmes.

Quand le symbole est composé de plusieurs images réunies, rien ne s'oppose à ce qu'il garde sa physionomie d'ensemble, alors cependant qu'un ou plusieurs de ses éléments constitutifs se modifient pour mieux répondre aux traditions religieuses, aux préférences nationales, voire aux particularités géographiques d'un nouveau milieu. C'est ainsi que le lis, comme le remarque M. de Gubernatis dans sa *Mythologie des plantes*, a pris la place du lotus dans les combinaisons symboliques empruntées par l'Occident à l'Orient. Un des exemples les plus caractéristiques de ces variations locales, combinées avec la persistance du type, nous est offert par les représentations figurées des arbres sacrés, où l'on croit reconnaître l'arbre de la vie mentionné également dans les traditions des Aryas et des Sémites. Dès la plus haute antiquité, les Chaldéens lui avaient attribué l'aspect du dattier, quelquefois garni d'une vigne grimpante ou d'une asclépiade analogue à la plante productrice du *soma* chez les Hindous. Les Assyriens en firent un arbre tout de convention où les feuilles du palmier se marient aux fruits d'un conifère et où des cornes de bouquetin forment comme un chapiteau au tronc. Les Phéniciens exagérèrent encore le caractère artificiel de cette représentation en greffant sur les branches la fleur du lotus. Les Grecs eux-mêmes l'introduisirent dans leur ornementation sous la forme abréviative de la palmette ou de l'acanthe. Quant aux Perses, ils l'adoptèrent avec la physionomie conventionnelle que lui avaient imprimée les Assyriens, et il se répandit ainsi jusque dans l'Inde, où les bouddhistes lui substituèrent le figuier sacré du Bouddha. D'autre part, les Perses le léguèrent aux Arabes, qui, en le dépouillant de sa signification religieuse, le maintinrent comme ornement dans la décoration de leurs bijoux et de leurs étoffes. Enfin, parvenu en Europe pendant le moyen âge, avec des étoffes d'origine orientale, il fut reproduit parmi les sculptures de certaines églises, où il représente tantôt l'arbre de la croix, tantôt, par une curieuse rencontre, l'arbre de vie des traditions bibliques. Dans toutes ces variations d'un même thème, la plante ne constitue qu'une partie du symbole. Ce qui complète et caractérise celui-ci, c'est la présence de deux personnages « affrontés, » génies, démons, animaux sauvages ou fantastiques, monstres mi-bêtes et mi-hommes, entre lesquels l'arbre sacré dresse sa tige ou étale ses branches. Il n'en faut pas davantage pour établir la filiation de cette image complexe qui met en rapport, à travers plusieurs milliers d'années, les cylindres de la Chaldée avec les médailles des pagodes javanaises, les chapiteaux grecs du Didyméon avec les tympans chrétiens du Calvados et du Gloucestershire.

Une cause fréquente d'altération à laquelle on n'a peut-être pas accordé jusqu'ici assez d'attention dans l'étude des symboles, c'est l'attraction que certaines figures exercent les unes sur les autres.

Nous pouvons presque énoncer, sous forme de loi, que quand deux symboles expriment la même idée ou des idées voisines, ils manifestent une tendance à se combiner de façon à engendrer un type intermédiaire. Faute d'avoir compris qu'un symbole peut ainsi se relier à plusieurs figures fort différentes de provenance et même d'aspect, combien d'archéologues ont perdu leur temps à se disputer sur les origines d'une image ou d'un signe que chacune des parties avait raison de rattacher à un antécédent distinct, — comme ces chevaliers légendaires qui rompaient une lance pour la couleur d'un bouclier à deux teintes, dont l'un voyait seulement la face et l'autre le revers !

Les exemples de ces véritables transmutations symboliques sont trop nombreux pour être énumérés ici. En voici un à la fois simple et saillant : la roue, qui a le double avantage d'avoir une forme circulaire et d'impliquer l'idée du mouvement, est un des symboles les plus fréquents du soleil. Là où cet astre a été également symbolisé par une fleur épanouie, on a fréquemment cherché à fondre les deux images. C'est ainsi que, dans les bas-reliefs de l'Inde bouddhique, on trouve des roues dont les rais sont remplacés par des pétales de lotus, alors que, dans l'île de Chypre, certaines monnaies portent des roses dont les feuilles sont circonscrites par des rayons tordus ou même disposées en forme de roue. Ajoutons que l'amulette par excellence des Gaulois, la « rouelle » solaire, fournit aisément, à l'avènement du christianisme, le *chrisme* ou monogramme du Christ (X et P entrelacés) par la simple adjonction d'une boucle.[1] De même, en Egypte, le chrisme fut ramené à la croix ansée ou clé de vie par toute une série de transformations qu'on a retrouvées dans les inscriptions de l'île de Philée.

Il n'est pas même nécessaire que les symboles ainsi combinés aient originairement possédé la moindre analogie de formes. Certes, il n'y a pas beaucoup de traits communs aux diverses images du soleil dans la vallée du Nil, quand on se le représentait, suivant les districts, comme un disque rayonnant, un épervier, un bouc, etc. Cependant les Égyptiens non-seulement réussirent à condenser toutes ces figures dans le globe ailé de leurs pylônes et de leurs

---

1 M. Gaidoz, dans son livre sur *le Dieu gaulois du soleil et le Symbolisme de la roue*, définit le chrisme : « une roue à six rais sans la circonférence et avec une boucle au sommet de la haste du milieu. » — Il convient d'ajouter que, même dans les catacombes, le chrisme est parfois inscrit dans un cercle.

corniches, mais ils trouvèrent encore moyen de donner à cet étrange amalgame les allures d'un autre animal solaire, le scarabée volant. Quand le globe ailé passa d'Egypte en Asie, les Assyriens à leur tour emboîtèrent dans le disque égyptien l'image de leur dieu Assour qu'ils se figuraient sous les traits d'un génie ailé, et il n'y a pas jusqu'à l'antique oiseau sacré de la Chaldée qui, selon M. J. Menant, n'aurait contribué à former chez les Mésopotamiens le type définitif de leur disque ailé. — Certaines monnaies de l'Asie-Mineure nous font bien saisir les différents procédés à l'aide desquels peuvent ainsi se combiner deux symboles, sinon même les principales étapes de l'opération par laquelle ils en procréent un troisième. Le soleil était quelquefois symbolisé en Asie-Mineure par un triscèle, c'est-à-dire par un disque autour duquel rayonnent trois jambes soudées par la cuisse ; d'autres fois, il y était représenté, comme en Egypte, par des animaux, tels que le lion, le sanglier, l'aigle, le dragon, le coq. Une monnaie d'Aspendus en Pamphylie présente le coq placé dans le champ, à côté du triscèle ; d'autres pièces de même provenance montrent le triscèle superposé ou plutôt collé au corps de l'animal, sans que celui-ci en perde sa physionomie naturelle. Enfin, dans une monnaie lycienne du British-Museum, les deux symboles, d'abord juxtaposés, puis soudés, se sont littéralement fondus, l'un dans l'autre : les trois jambes du triscèle se sont métamorphosées en trois têtes de coq qui se groupent de la même façon autour d'un centre. On songe involontairement ici aux représentations de personnages successivement dessinés dans des attitudes diverses sur ces disques de carton qu'on fait rapidement tourner à la main pour obtenir l'illusion d'une image unique douée d'un mouvement propre.

Le plus souvent, le syncrétisme symbolique est conscient et prémédité, soit qu'il s'agisse de réunir, pour plus d'efficacité, dans un talisman unique, les attributs de plusieurs divinités, soit qu'on veuille affirmer, par la fusion des symboles, l'unité des dieux et l'identité des cultes. Tels étaient ces talismans, nommés *panthées*, où les gnostiques essayaient de condenser les symboles divins fournis par les principales religions du temps. On peut citer également, dans un ordre d'idées, plus élevé, le symbole adopté par les brahmaïstes de la Nouvelle-Dispensation, cette secte hindoue, dont j'ai déjà entretenu les lecteurs, qui a la prétention de fusionner tous les cultes actuels de l'Inde dans une religion nouvelle, exclusivement fondée sur la conscience et la raison.[1] Le fronton de leurs temples porte une figure où la syllabe mystique des brahmanes, *aum*, s'entrelace avec le croissant des musulmans, le trident des sivaïtes et la croix des chrétiens. Toutefois il arrive fréquemment que cette confusion de symboles n'a rien de systématique. A force de reproduire certaines formes, l'œil et la main paraissent se les être assimilées au point de n'en plus pouvoir secouer l'obsession, quand ils s'attaquent à des thèmes nouveaux. Il y a tel symbole, gravé sur des gemmes phéniciennes ou peint sur des vases cypriotes, qui rappelle tout ensemble le disque ailé de l'Asie, l'arbre sacré des Assyriens et certains exemplaires du foudre grec. On ne peut feuilleter la description des bas-reliefs bouddhiques de Boro-Boudour, dans l'île de Java, publiée par les soins du gouvernement hollandais, sans être frappé, presque à chaque page de l'atlas, par ^apparition de quelque : figure bizarre qui offre à la fois certaines réminiscences du lotus hindou, des cornes assyriennes, du foudre, grec, du figuier bouddhique et du globe égyptien aux uræus. La. symbolique orientale est, d'ailleurs, restée coutumière de ces mélanges hétéroclites. Un des auteurs qui connaît le mieux les arts industriels de l'Inde contemporaine, sir George Birdwood, a montré récemment que dans l'art hindou, où tous les détails ont une portée symbolique, certains thèmes, décoratifs se combinent et s'échangent avec le sans-façon du rêve, sans égard pour la distinction du règne végétal et animal, du monde organique et inorganique.

Section III

Dans la plupart des exemples que j'ai cités, il est facile de découvrir par quelles voies le symbole s'est transmis d'un peuple à l'autre. Sous ce rapport la migration des symboles relève directement de ce qu'on peut nommer l'histoire des relations commerciales. Quelle que soit, entre deux figures symboliques, trouvées chez des peuples d'origine distincte, la ressemblance de forme et même de signification, il convient, avant d'en affirmer la parenté, d'établir la

---

1 Voir, dans la *Revue* du 15 septembre 1880, *le Cinquantième anniversaire du Brahma Somaj.*

probabilité ou du moins la possibilité de relations internationales qui aient pu leur servir de véhicule. Ce point démontré, il restera à chercher qui a été l'emprunteur et qui le prêteur. Ainsi, pourquoi ne seraient-ce pas les Hindous qui auraient communiqué le foudre à la Mésopotamie, les Phéniciens qui auraient reçu des Grecs le caducée ? C'est ici surtout qu'apparaissent nos avantages sur les précédentes générations. Il fut un temps où l'on pouvait indistinctement placer dans l'Inde l'origine des dieux, des mythes et des symboles répandus sur toute la surface du vieux monde, un autre où l'on aurait été mal reçu de ne pas reporter à la Grèce l'honneur de toutes les créations intellectuelles et religieuses ayant quelque valeur morale ou artistique. Mais les recherches poursuivies depuis un demi-siècle ont constitué désormais sur des bases positives l'histoire ancienne de l'Orient, et celle-ci à son tour nous a permis de replacer à leur véritable plan, dans la perspective des âges, les principaux foyers de culture artistique qui ont réagi les uns sur les autres depuis les débuts de la civilisation.

On peut différer d'opinion sur le point de savoir si le chapiteau ionique a emprunté ses volutes aux cornes de l'ibex ou aux pétales entr'ouverts du lotus. On peut même discuter si l'Ionie l'a directement reçu de Golgos sur les vaisseaux des Phéniciens ou de Ptérium avec les caravanes de l'Asie-Mineure. Mais quiconque en a constaté la présence sur les monuments de Khorsabad et de Koyoundjik ne se refusera plus à placer en Mésopotamie le point de départ de sa marche vers la mer Egée. Ce n'est là qu'un exemple des types et des motifs dont le développement a dû sans doute son importance aux inspirations autonomes du génie grec, mais dont les origines doivent néanmoins se chercher en Phrygie, en Lycie, en Phénicie et même au-delà, dans les vallées du Tigre, de l'Euphrate et du Nil. Dans l'Inde également, les plus anciens produits de la sculpture et de la gravure, — là où ils n'attestent pas une influence directe de l'art grec, comme dans les bas-reliefs bouddhistes de Yousoulzaï et dans les scènes bachiques de Mathura, — se rattachent aux monuments de la Perse par l'adoption de motifs en quelque sorte classiques dans l'architecture persépolitaine, tels que ces chapiteaux formés par des animaux tantôt affrontés, tantôt adossés, qui sont comme une signature plastique, dans le premier cas, de l'Assyrie, dans le second, de l'Égypte. En réalité, — qu'on parte de la Grèce ou de l'Inde, voire de la Libye, de l'Étrurie ou de la Gaule, — on finit toujours, d'étape en étape, par aboutir à deux grands centres de diffusion artistique partiellement irréductibles l'un à l'autre : l'Egypte et la Chaldée, avec cette différence que, vers le VIIIe siècle avant notre ère, la Mésopotamie s'est mise à l'école des Égyptiens, tandis que l'Egypte ne s'est jamais mise à l'école de personne. Or, non-seulement les symboles, comme nous l'avons constaté plus d'une fois au cours de cette étude, ont suivi les mêmes routes que les thèmes purement décoratifs, mais encore ils se sont transmis de la même façon, dans les mêmes temps, et, pour ainsi dire, dans la même proportion. Je suis loin de contester qu'il n'y ait eu, chez presque tous les peuples, des centres de création symbolique indépendants et autonomes. Mais à côté des types autochtones, nous trouvons partout les apports d'un puissant courant qui a ses origines plus ou moins lointaines dans le symbolisme des rives de l'Euphrate et du Nil. Pour tout dire, les deux ordres d'importations sont si connexes qu'en faisant l'histoire de l'art on fait en grande partie l'histoire des symboles ou du moins de leurs migrations, comme on peut s'en convaincre dans les belles études que MM. Perrot et Chipiez ont consacrées à l'histoire de l'art antique.

Il y a toutefois, dans les recherches relatives aux symboles, cette distinction à observer que la forme n'y est pas tout. C'est l'intention qui fait le symbole, et par là le symbolisme relève de la psychologie, en même temps que son histoire mérite une place à part dans le tableau général du développement de la culture humaine. A ce point de vue, nous avons encore à dire un mot d'autres migrations : celles où un symbole passe, non plus d'un pays à un autre, mais, sur le même sol, d'une religion à celle qui lui succède. Dans le cas le plus fréquent, c'est la pression populaire qui introduit dans le nouveau culte des symboles consacrés par une longue vénération. Quelquefois ce sont les novateurs eux-mêmes qui profitent des avantages offerts par le symbolisme pour dissimuler, sous l'antiquité de la forme, la nouveauté de la doctrine, et, au besoin, pour transformer en alliés des emblèmes ou des traditions qu'ils sont impuissants à extirper de front. Est-il besoin de rappeler Constantin choisissant pour étendard ce *Labarum* qui pouvait être revendiqué à la fois par le culte du Christ et par celui du Soleil ? Il est curieux de trouver la même politique attribuée au premier roi chrétien de la Norvège. Suivant un vieux chant des îles Shetland, Hakon Adalsteinfostri, forcé de boire à Odin, dans un banquet officiel, traça rapidement sur la coupe un signe de croix, et, comme ses convives lui en faisaient le reproche, il leur dit que c'était le signé du marteau de Thor. Nous savons, en effet, que dans les pays germaniques et Scandinaves, la croix du Christ s'est plus d'une fois dissimulée sous la forme du marteau à deux têtes, comme en Egypte elle revêtit, dans plus d'une inscription, l'aspect de la clé de vie.

Ces adaptations symboliques ont été surtout fréquentes dans le bouddhisme, qui ne s'est jamais gêné pour accepter les symboles et même les rites des religions antérieures ou voisines. Dans certains de ses sanctuaires, il a été jusqu'à sculpter les cérémonies du culte rendu par les indigènes de l'Inde au soleil, au feu, aux serpents, en rattachant ces rites à ses propres traditions. La roue solaire devint ainsi la roue de la loi ; l'arbre sacré représenta l'arbre de la science sous lequel Çakya-Mouni atteignit l'illumination parfaite ; le serpent *naga* à sept têtes fut transformé en gardien de l'empreinte laissée par les pieds de Vishnou, elle-même désormais attribuée au Bouddha, etc. Il y a quelques années on découvrit à Bharut les restes d'un sanctuaire bouddhique où des bas-reliefs reproduisaient des emblèmes et des scènes religieuses, avec des inscriptions qui leur servaient de légende ou plutôt d'étiquette. A cette nouvelle, la joie fut grande parmi les archéologues anglo-indiens. On allait donc posséder une interprétation des rites et des symboles bouddhiques, formulée, par les bouddhistes eux-mêmes, un ou deux siècles avant notre ère. Il fallut malheureusement en rabattre, quand un examen plus minutieux fit reconnaître qu'on avait là tout simplement un ancien temple du soleil, ultérieurement accaparé par les bouddhistes. Ceux-ci s'étaient contentés de mettre sur les représentations figurées du culte solaire des inscriptions qui les rattachaient à leur propre foi.

On est allé jusqu'à dire que les religions changeaient, mais que le culte restait le même. Ainsi formulée, la thèse est trop absolue ; mais il est certain que chaque religion conserve, dans ses rites et ses symboles, des survivances de toute la série des religions antérieures. Et il n'y a pas de grief à lui en faire. L'important, ce n'est pas l'outre, c'est le vin qui s'y verse ; ce n'est pas la forme, c'est l'idée qui l'anime et qui la dépasse. Quand les chrétiens et les bouddhistes concentraient sur l'image de leur Maître respectif les principaux, attributs du Soleil, à commencer par ce nimbe dont le prototype remonte aux auréoles gravées sur les monuments chaldéens, entendaient-ils rendre hommage à l'astre du jour ? En réalité, ils prétendaient uniquement reporter sur la physionomie vénérée de leur fondateur le symbole qui non-seulement a formé, de temps immémorial, une image de la gloire céleste, mais qui encore caractérisait d'une façon spéciale, dans les cultes contemporains, la personnification la plus haute de la divinité. Il faut se rappeler la réponse d'un Père de l'Eglise à ceux qui accusaient les chrétiens de fêter le jour du soleil : « Nous solennisons ce jour, non comme les infidèles, à cause du soleil, mais à cause de celui qui a fait le soleil. » Constantin allait plus loin encore lorsqu'il composait, pour être récitée le dimanche par les légions, une prière qui pouvait satisfaire à la fois, selon la remarque de M. V. Duruy, les adorateurs de Mithra, de Sérapis, du Soleil et du Christ. Le symbolisme peut s'allier aux tendances les plus mystiques, mais, à l'instar du mysticisme lui-même, il est un puissant auxiliaire du sentiment religieux contre l'immobilité du dogme et la tyrannie de la lettre. M. Anatole Leroy-Beaulieu a montré, ici même, comment en Russie, grâce à l'interprétation symbolique des textes études cérémonies, le ritualisme conservateur des vieux-croyants a pu aboutir à la liberté des doctrines et, dans certains cas, à un complet rationalisme, sans rompre avec les formes traditionnelles du christianisme et même de l'Église orientale.

Il arrive une heure où les religions qui font une large part au surnaturel se trouvent en conflit avec le progrès des connaissances et surtout avec la foi croissante à un ordre rationnel de l'univers. Le symbolisme leur offre alors une voie de salut dont elles ont plus d'une fois profité pour marcher avec leur temps. Si nous prenons les peuples au degré inférieur du développement religieux, nous trouvons chez eux des fétiches, c'est-à-dire des êtres et des objets arbitrairement investis de facultés surhumaines, — ensuite, des idoles, qui sont des fétiches taillés à la ressemblance de l'homme ou de l'animal ; — mais nous n'y découvrons guère de symboles, car ceux-ci impliquent à la fois le désir de représenter de l'abstrait par du concret et la conscience qu'il n'y a pas d'identité entre le symbole et la réalité ainsi représentée. Quand l'esprit s'ouvre à la notion de dieux abstraits ou invisibles, il peut conserver sa vénération à ses anciens fétiches, désormais regardés comme les signes représentatifs des divinités. Enfin, quand on arrive à concevoir un Dieu suprême, dont les anciennes divinités sont simplement les ministres ou les hypostases, ces antiques représentations figurées peuvent encore jouer un rôle, à condition d'être mises en rapport avec les qualités ou les attributs de l'Être supérieur en qui se résout le monde divin. C'est l'évolution dont les traces s'observent presque partout dans le polythéisme antique. De leur côté, les dogmes et les sacrements peuvent toujours être ramenés par le symbolisme à une interprétation en harmonie avec les progrès de la conscience et de la raison. C'est la tâche à laquelle s'est vouée, — depuis Schelling et Hegel en Allemagne, Coleridge et Maurice en Angleterre, — une fraction notable de la théologie protestante, avec un succès qui eût été sans doute plus grand si cette école n'avait rompu avec les droits de la vérité historique, en s'obstinant à projeter dans le passé des interprétations inspirées par le présent.

On peut concevoir un état religieux où tous les cultes deviendraient purement symboliques. Rien ne les empêcherait de conserver avec un soin pieux les rites et les traditions de leur héritage ; seulement ils en feraient surtout les symboles des vérités communes à toutes les religions, et, par suite, ils pourraient se traiter les uns les autres, — comme on le voit entre les rites de certaines églises, — en formes locales et également légitimes de la religion universelle.

Un pareil syncrétisme semble, à première vue, fort éloigné de nous. Il impliquerait l'aveu que toutes les religions ont leur part de la vérité, mais qu'aucune ne la possède tout entière. Or tel n'est guère le langage des grandes Églises contemporaines, à commencer par celles qui nous touchent de plus près. Cependant, il faut observer que, en pratique, leurs adeptes vivent entre eux comme si la divergence de doctrines se réduisait à une diversité de symboles. Parfois on voit même leurs chefs respectifs, — fait inouï aux siècles précédons, — coopérer, sur un pied d'égalité, à des œuvres de philanthropie ou de paix sociale, comme s'ils reconnaissaient que la charité et la justice offrent un terrain commun à l'activité religieuse. Enfin, l'attribution d'une valeur relative, — ou symbolique, ce qui est la même chose, — à tous les cultes indistinctement sert désormais de base aux rapports normaux de l'État avec les Églises dans les pays qui s'inspirent du droit moderne. Que celte notion, déjà ancrée dans nos lois et dans nos mœurs, se fasse accepter par les consciences, et, pour la première fois dans l'histoire, le monde pourra jouir d'une paix religieuse, fondée non sur l'unité des formes et des formules, mais sur l'admission de ce que toutes les religions renferment de vrai et de fécond sous la variété des symboles.

ISBN : 978-1721828999